Tomaso Albinoni

CONCERTO IN RE MINORE OP. IX N. 2

Trascrizione per tromba e organo di Leonardo Carrieri

Youcanprint *Self-Publishing*

Concerto in re minore op. IX n. 2

Tomaso Albinoni (1674-1745)
Trascrizione di Leonardo Carrieri

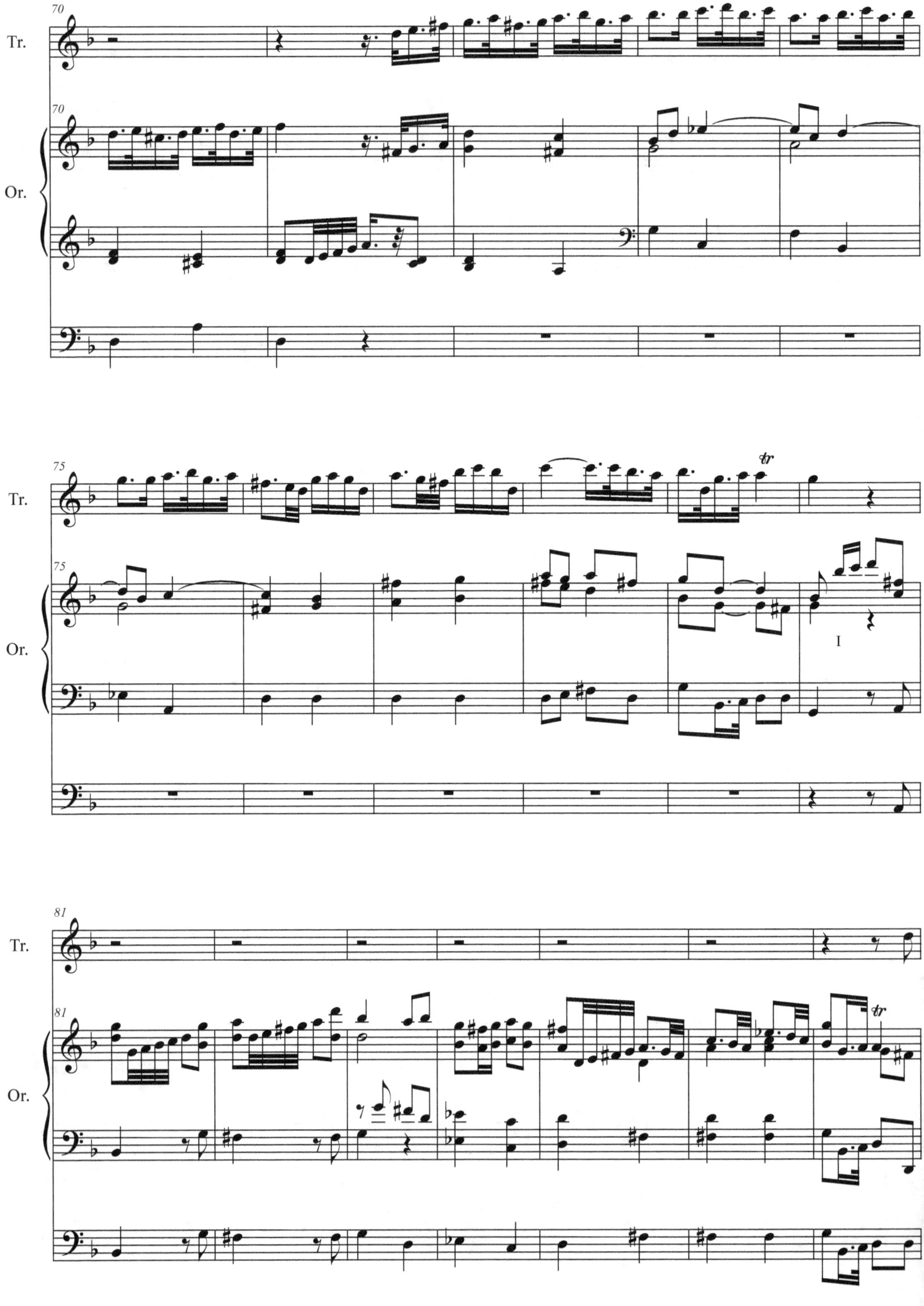
70
Tr.
70
Or.
75
Tr.
75
tr
Or.
I
81
Tr.
81
Or.
tr

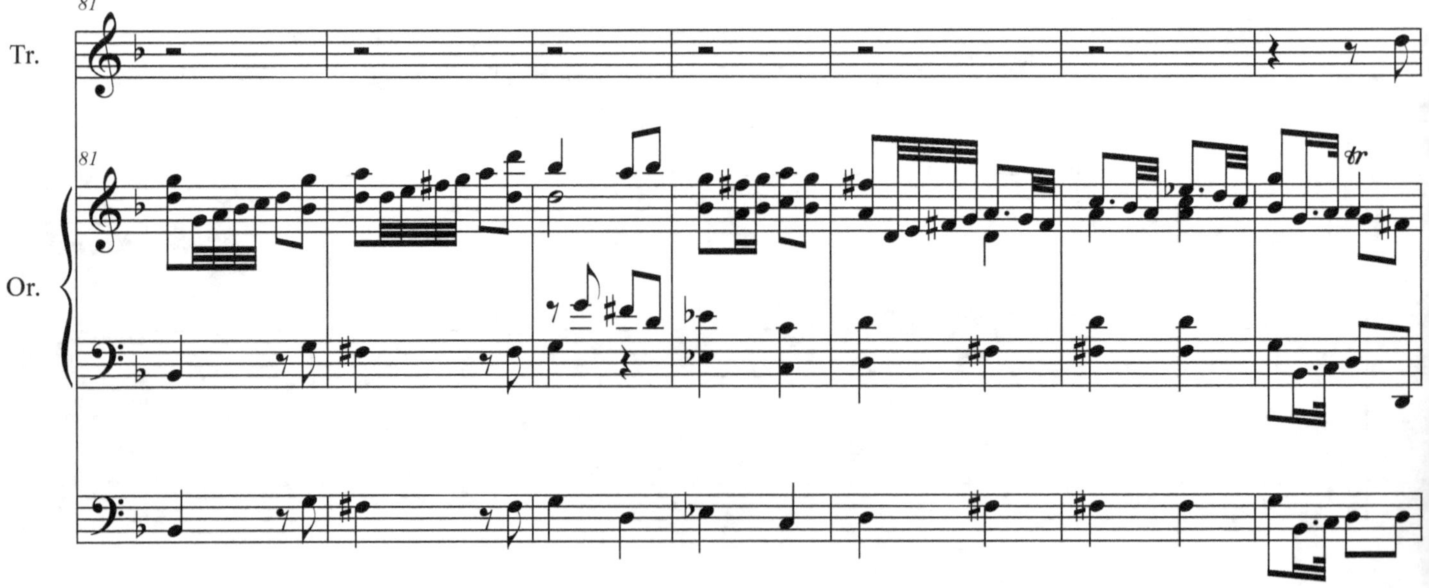

Tr.
Or.
156
I
Adagio
161
I
165

15
205
Tr.
Or.
II
209
Tr.
Or.
212
Tr.
Or.
I

229
Tr.
Or.
233
Tr.
Or.
237
Tr.
Or.
II

311
Tr.
Or.
315
Tr.
Or.
319
Tr.
Or.
tr

24
Concerto in re minore op. IX n. 2
Allegro e non presto
Tomaso Albinoni (1674-1745) 
©Leonardo Carrieri

26
208
4
218
7
Allegro
12
240
3
247
251
255
3
262
267
273
278
5
286
290
3
I

Titolo | Concerto in re minore op. IX n. 2
Autore | Tomaso Albinoni - Leonardo Carrieri

ISBN | 978-88-92695-40-5

Youcanprint Self-Publishing
Via Roma, 73 - 73039 Tricase (LE) - Italy
www.youcanprint.it
info@youcanprint.it
Facebook: facebook.com/youcanprint.it
Twitter: twitter.com/youcanprintit

Finito di stampare nel mese di Novembre 2017
per conto di Youcanprint *Self-Publishing*

www.ingramcontent.com/pod-product-compliance
Lightning Source LLC
Chambersburg PA
CBHW081035130726
48001CB00008B/2570